1914-2014
Centenaire de la Grande Guerre
Hommage

Du même auteur :

Vous dire, en passant…
Editions Books on Demand.
ISBN 978-2-322-03885-5

Septembre
Editions Books on demand.
ISBN 978-2-322-01196-4

André Nébon

1914-2014
Centenaire de la Grande Guerre

Hommage

Illustrations :

Jean-François GALEA

✳

Poésie
French Poetry

Ce petit livret de quelques textes,
accompagnant l'œuvre du peintre
Jean-François GALEA,
n'a d'autre ambition
que le maintien vivace du souvenir de ces
combattants, quel que fût leur habit, qui
ont donné leur jeunesse, leur avenir, sur les
fronts de boucherie engendrés par
la Grande Guerre.

*

© Jean-François GALEA

Moi, l'Inconnu de Verdun

Je dors sous la grande arche au centre de l'Etoile.
Pourquoi moi ? Je ne sais, le hasard l'a voulu.
Je suis un parmi d'autres, mes frères les poilus,
chacun d'entre eux pourrait, au-dessous du grand voile,
reposer à jamais.

Hier encore, à Verdun, sous la voûte sacrée,
nous étions huit, gisant, martyres anonymes ;
nos cercueils alignés, transférés des abîmes
de lieux anéantis, de régions décimées,
aspiraient à la Paix.

Ceint de nos trois couleurs qui étaient nos lumières
je fus ainsi choisi par un jeune soldat
qui, posant ses œillets sur mon habit de bois,
me décerna l'honneur, pour tous et j'en suis fier,
de les représenter.

Mon nom ?
Opter serait injuste, j'en porte des milliers,
héros donnés au feu, fauchés dans leur jeunesse
bien avant d'espérer qu'un avenir leur naisse,
il n'auront eu le temps que d'être suppliciés
détruits, déchiquetés.

Sur la dalle glorieuse qui couvre mon suaire
une flamme éternelle, chaque jour ravivée,
invite par son feu, à jamais consacré,
à la méditation sur ce que sont les guerres.

Passant recueille-toi sur ce lieu de mémoire !
je n'y dors pas tout seul dans un sommeil profond,
il abrite avec moi une génération
qui s'est vêtue, pour toi, de souffrance et de gloire.

Douaumont

Vous qui dormez, ici, mêlés dans l'ossuaire,
soldats rivaux d'hier, adversaires forcés,
alliés dans un repos, un sommeil cher payé,
comme vous, aux croix blanches, dans la paix de la terre.

Morts sans avoir connu la douceur de vieillir,
victimes d'ambitions démentes, illégitimes,
depuis lors vous gisez, martyres de leurs crimes,
sans avoir eu la joie de voir vos fils grandir.

Suppliciés désignés, quel que fût votre habit,
boucliers de planqués, marionnettes soumises,
vous êtes restés là, sur les champs où se brisent
la marche des printemps, le début d'une vie.

Enfin réconciliés en un seul souvenir,
invitant à bannir les tueries scélérates,
vous reposez, unis, soldats qui nous léguâtes,
par votre sacrifice, des visions à honnir.

© Jean-François GALEA
(Détail du tryptique « Les Sacrifiés »)

L'enfer serait plus doux

Des gueules fracassées par un fragment de bombe
des tripes hors de leur nid, des membres arrachés,
des casques abandonnés par leur crâne éclaté,
c'est l'aboutissement du jour, quand la nuit tombe :
l'enfer serait plus doux.

Ceux qui le peuvent encore soulagent- est-ce possible ? -
les plus meurtris d'entre eux en parlant du pays,
en mentant quelquefois sur la fin du conflit,
d'autres, dans le silence, s'en remettent à leur bible.

Dans le carré creusé à même la tranchée
les gars de l'ambulance amputent çà et là
ce qui fût, hier encore, des jambes ou des bras,
ou closent les paupières des derniers trépassés :
l'enfer serait plus doux.

Demain, dès le matin, dans le froid et la boue,
repartir à l'assaut sur les pas de la veille
déloger et courir, les donneurs d'ordre y veillent,
jusqu'à n'en plus pouvoir, aller au rendez-vous.

Là sur les barbelés, où s'accrochent les hardes,
des lambeaux de chair rouges, des corps toujours reclus
et, parsemées aux vents, sur le flanc de talus,
des têtes sectionnées dont les yeux, morts, regardent.

Il n'y a pas à choisir dans cette boucherie,
ce massacre orchestré, cette infâme hécatombe,
l'enjeu y est tout simple ou tuer, ou la tombe,
c'est le prix à payer de cette barbarie :
l'enfer serait plus doux.

© Jean-François GALEA
(Détail du triptyque "Les Sacrifiés")

Vingt Ans à Verdun

Je viens d'avoir vingt ans, trop loin de toi ma fée ;
retranché dans ma fosse où les rats prolifèrent,
j'ai froid, je suis transi, je t'écris chère mère
toi qui, mieux que personne, savais me réchauffer.

J'ai du mal à tenir mon petit bout de mine,
tu voudras pardonner mes quelques hésitations
mais en ce jour marqué où tu me fis garçon
je tenais plus que tout à briser ma routine.

Ici rien de nouveau, chaque jour et chaque heure
ressemblent aux jours passés, aux heures écoulées,
irrémédiablement bien tristes à relater ;
le temps ne compte plus et le décor demeure.

La boue sèche, tenace, qui m'investit partout
me corsète les membres et jusque dans ma bouche ;
surtout ne pas dormir, veiller à l'escarmouche
de ceux qui, comme nous- les autres !-, sont à bout.

La plaine, devant moi, qui n'est plus que fractures
au fond desquelles gisent, pêle-mêle, des corps,
semble exposer au ciel, en calices de mort,
son tribut peu glorieux ; indignes sépultures.

Des copains sont tombés lors du dernier assaut
certains venaient d'Afrique, d'autres d'un bout de France
mais nous étions unis, comme on l'est en souffrance,
embarqués, malgré nous, sur le même vaisseau.

Jusqu'à quand ce carnage, ces cris d'agonisants ?
Jusqu'à quand le canon, le vacarme, les plaintes
des gorges épuisées desquelles les pleurs suintent ?
Jusqu'à quand la kermesse au nombre de gisants ?

Nous l'avons appris hier, deux de nos camarades
ont été fusillés, pour l'exemple ! dit-on,
sont-ils devenus fous tous ceux, porteurs de grade
et ceux qui, malgré eux, formaient le peloton ?

Nous sommes si nombreux, mais si seuls, comme en face ;
je me souviens du soir de ce Noël dernier
où, de chaque côté, en chœur unifié,
nous avons entonné des chants pour rendre grâce.

Ces refrains fraternels, je les entends toujours,
partageant mon ouïe avec les vils fracas
qu'il nous faut endurer pour se sortir de là
portés par l'espérance d'une amitié, un jour.

Si père me voyait en proie à ce marasme,
lui qui me reprochait de n'être pas vaillant
lorsqu'il était question de se donner aux champs,
peut-être saurait-il adoucir ses sarcasmes.

Mon Dieu je voudrais tant retrouver ma prairie,
partir, dans le matin, sillonner ou faucher,
en regardant, paisible, le soleil se lever
plutôt que d'être là, face à ces tirs nourris.

Ici, comme un volcan qui cracherait le fer,
le sol, en des geysers de terre et de flammes,
dans des déflagrations qui marquent jusqu'à l'âme,
ne nous laisse augurer la sortie de l'enfer.

Un jour- quand ?- il faudra que cesse cette guerre
comme tant d'autres, avant, par la paix d'un traité,
à quoi auront servi ces tueries entêtées
à qui auront servi les meurtres de naguère ?

Voilà le temps venu d'obéir de nouveau ;
faute d'être entendus il faut bien qu'on y aille
je te laisse, Maman, j'ai sur moi ta médaille
elle prend soin de moi au contact de ma peau.

© Jean-François GALEA
(Détail du triptyque "Les Sacrifiés")

© Jean-François GALEA
(Détail du triptyque "Les Sacrifiés")

Les tranchées de 14

Le ciel était si bas au-dessus des tranchées
que les dunes de terre, extirpées des entrailles,
se fondaient dans les nues, évoquant l'orageux ;
tandis qu'au fond des trous, dans leurs boyaux, tapis,
prêts à courir au feu, les hommes- les poilus-
couverts de boue, transis, enfouis dans ces cratères,
s'en remettaient à Dieu.

Puis ils devaient y aller, au sifflet impérieux !
gravir tant bien que mal ce qui servait d'abri,
se lancer dans la course vers la ligne rivale,
filer sous la mitraille.
Ecrémage implacable, féroce et infernal
des jeunesses appelées pour une der des der,
une ultime cavale des redingotes bleues et de leurs alliés.

S'en suivait l'hécatombe, la mêlée, le carnage,
tour à tour assiégés, tour à tour assiégeants,
tour à tour moissonnés, tour à tour moissonnant
non pas les blés d'été mais des vies au hasard.

En face, eux aussi aux ordres des étoiles,
à l'instar de nos gars qui leur ressemblaient tant ;
d'un bord comme de l'autre, soumis et résignés,
obéissant aux chefs, taisant leurs sentiments,
pour seule différence : une langue distincte,
mais un désir commun : que cesse la tuerie !

Regardez !
unis les uns aux autres dans une boue de sang
se haïssaient-ils, se maudissaient-ils, s'exécraient-ils
avant que d'être objet d'ambitions de leurs maîtres ?

Regardez !
Un amas de vies mortes qui furent un jour hommes,
réunies, mais bien tard, dans une paix commune,
flammes trop vite éteintes par un vent de démence.
Ce vent, venu d'en haut, depuis les lambris d'or,
qui ne sait épargner que ceux qui le répandent.

✳

Le Poilu

Il dort !
du tranquille sommeil que connaissent les justes
à l'abri des regards, dans l'ombre d'un arbuste,
il dort !

L'endroit est silencieux dans cet automne triste
si ce n'était le son, au très loin, fataliste,
du beffroi d'Elmesheim qui appelle à la trêve ;
il dort ! mais je ne suis pas sûr qu'à cet instant il rêve.

Le soleil, au-dessus, joue à cache rayons
avec les blancs cotons épars et vagabonds,
à l'image des hommes qui reviennent du front
moins vaillants qu'à l'aller ; saturés de canon.

Et pendant ce temps-là, il dort !

Sa tête est appuyée sur le sac de ses hardes
couché sur le côté, sa main en sauvegarde
posée contre sa joue, protégeant sa mâchoire,
défense machinale autant que dérisoire.

Il dort !
du tranquille sommeil que les brisés connaissent
dès lors que feu et sang réforment leur jeunesse.

Dans la boue du sentier ceux qui marchent se taisent ;
péniblement leurs pas les éloignent des braises
des fosses où sont restés les printemps achevés
de ceux qui avaient vingt ans au fond de leur tranchée.

Il dort !
mais je ne suis pas sûr qu'à cet instant il rêve.

© Jean-François GALEA

© Jean-François GALEA
(Détail du triptyque "Les Sacrifiés")

© Jean-François GALEA

Jean-François GALEA m'a fait l'honneur de me demander d'accompagner son œuvre des quelques textes qui précèdent. Je l'en remercie vivement.
Son triptyque 'LES SACRIFIES"
est une formidable réalisation conçue en hommage aux Combattants de la Grande Guerre pour le centenaire de ce conflit.

André Nébon

© Jean-François GALEA
(Détail du triptyque "Les Sacrifiés")